I0392231

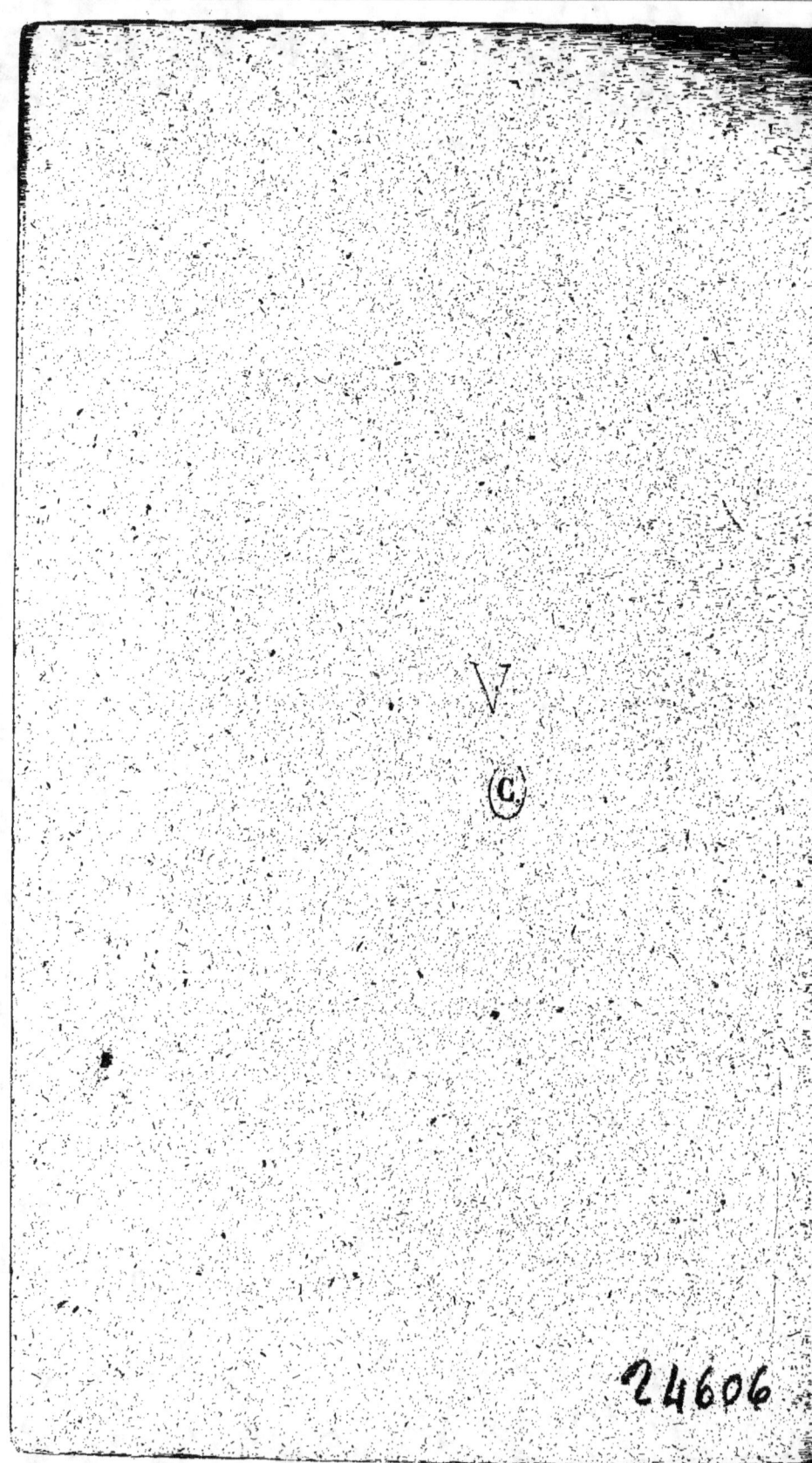

V

Ⓒ

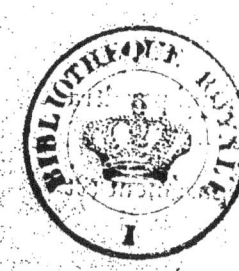

REVUE

HISTORIQUE

DU SALON DE 1834,

CONTENANT

DES

DÉTAILS D'HISTOIRE

SUR LES

Peintures, Sculptures et Gravures

HISTORIQUES.

I

PARIS.

—

1834.

Cet ouvrage formera un volume in-8°, qui paraîtra en vingt livraisons d'une feuille chacune.

Le prix de chaque livraison, vendue séparément est de 30 centimes.

L'abonnement, est de 5 francs (25 centimes par livraison).

Le volume aura entièrement paru le 1er avril.

On s'abonne à Paris, au Cabinet de Lecture, rue Ticquetonne, n. 10, et dans tous les Cabinets de Lecture.

Imprimerie de Mad. de Lacombe, faubourg Poissonnière, n. 1.

REVUE HISTORIQUE

DU

SALON DE 1834.

GRAND SALON.

PEINTURE.

JANE GRAY.

(Delaroche. — 5o3.)

C'est une étrange fatalité que celle qui pesa sur cette jeune femme, qui, née sans ambition, mourut victime de l'ambition de son beau-père.

Jane Gray était d'origine royale par sa grand' mère Marie, sœur de Henry VIII.

Ce prince était mort, et son fils, Edouard VI, âgé de dix ans, lui avait succédé ; le comte de Northumberland, jaloux de l'autorité de Sommerset, qui s'était fait déclarer protecteur, parvient à se faire nommer à sa place, et le fait décapiter.

Arrivé au protectorat, Northumberland ne trouve pas son ambition satisfaite, Jane Gray avait épousé lord Guilford, son quatrième fils, il veut la faire nommer reine d'Angleterre au détriment de Marie Tudor et d'Élisabeth, toutes deux filles de Henry VIII.

Profitant de la faiblesse du jeune roi Édouard, Northumberland obtient de lui un testament par lequel il donne la couronne à Jane Gray. A peine ce testament était-il ratifié, qu'Edouard meurt.

Pendant que ces intrigues se menaient à la cour par

les soins de son beau-père, Jane Gray, jeune et belle, ignorante d'ambition, riche de l'amour de son mari; Jane Gray vivait heureuse à sa résidence de Sion-House. C'était une riante habitation qu'elle embellissait de son bonheur. Là, le présent était calme, et l'insouciante laissait couler sa vie sans s'inquiéter de l'avenir. Aucun rêve ambitieux ne faisait germer en elle des idées de grandeur, de pouvoir, de royauté; l'étude était une de ses passions, et chaque jour l'étude lui offrait de nouveaux succès; déjà elle savait le grec, le latin et plusieurs langues.

A Sion-House, elle étudiait, elle aimait, elle était heureuse enfin, et voilà que le comte de Northumberland lui vient offrir une couronne!

La malheureuse jeune femme! elle voulut refuser, son mari la pria, et elle accepta. — Alors il lui fallut quitter Sion-House, l'usage voulait que les rois ou reines passassent à la Tour de Londres, les jours qui précédaient leur proclamation. — Northumberland l'emmena ainsi que lord Guilford, son mari, et les conduisit à la tour. — Jane ne devait plus en sortir!

L'ordre de proclamer Jane Gray se répandit dans tout le royaume; il ne fut exécuté qu'à Londres, où il n'y eût pas d'écho; le peuple resta morne et silencieux; aucuns cris ne répondirent aux cris du hérault.

Neuf jours après, Marie Tudor était reine d'Angleterre, et Jane n'était pas sortie de la tour. On la retint prisonnière.

La tête de Northumberland, tombée sous la hache du bourreau, ne suffisait pas à la vengeance de Marie; il lui fallait la mort de Jane et celle son mari. Une conspiration tramée par Vyat lui fournit un prétexte;

et l'on vint annoncer à Jane qu'elle eut à se prépa-
rer à mourir, et que lord Guilford devait être exécuté
avant elle.

À cette nouvelle Jane pleura, mais elle refusa de
voir son mari; elle craignit que l'émotion de ces der-
niers momens, ne l'empêchât de supporter dignement
son supplice. — Alors ce n'était plus la jeune femme
habituée à une vie douce et paisib'e, c'était une reine
qui voulait mourir en reine.

Le 12 février 1554, dans une salle basse de la
Tour, le bourreau attendait. — Marie avait ordonné
que l'exécution de Jeanne se fît dans cette salle; elle
craignait que le supplice d'une, belle jeune femme, de
dix-sept ans, ne produisit de trop fortes émotions sur le
peuple. — Un sentiment de peine se peignait sur la figure du bourreau, c'était la première fois, peut-être,
que ses fonctions lui pesaient autant. La figure à moi-
tié couverte, majestueuse et belle malgré sa pâleur,
Jane entra accompagnée de sir Bruge et suivie de
deux femmes. — Elle se laissa deshabiller par elles,
et quand elles eurent fini, le bourreau s'agenouilla:
— Je requiers humblement de votre grâce, que vous
me pardonniez, dit-il. — Jane lui pardonna de bon
cœur, puis elle tomba à genoux, recommanda son âme
à Dieu, se fit indiquer le billot, et l'ayant trouvé,
elle y plaça sa tête. Le bourreau trembla, et sa hache,
mal assurée, s'abaissa deux fois sur sa victime. Elle
retomba une troisième fois. Jane Gray était décapitée!

MARTYRE DE ST-SIMPHORIEN.

(Ingres. — 998.)

Ingres, comme Raphaël, anime et échauffe son âme devant les scènes divines du christianisme. C'est dans la sublime simplicité de la vie des pères de l'église, que tous deux cherchent leurs sujets. Il est grand et beau le martyre de Saint-Simphorien, abandonnant son corps aux méchants, et conservant jusqu'à la mort cette noble grandeur de l'âme, cette fermeté et cette exaltation qui font les martyrs.

Simphorien ou Symphorion, était d'Autun, d'une famille patricienne; son père Faustus l'éleva dans la religion de Jésus; il lui fit comprendre, combien était divin ce principe, que légua au monde le Christ mourant sur sa croix.

Simphorien n'oublia pas les leçons de son père, et vivant dans la retraite, il agrandissait son âme par la méditation et la poésie.

Héraclius, gouverneur d'Autun, le jour de la procession de Cybèle, procession qu'on avait l'usage de faire chaque année, ordonna que tous les habitans se prosternassent devant la mère des Dieux, et voulut, par l'éclat pompeux de cette fête, ranimer les croyances, exalter les âmes pour le paganisme, cette religion du passé, qui pâlissait et mourait devant la religion de l'avenir, le christianisme.

Le jour de la cérémonie, les chrétiens se tinrent cachés, craignant que la peur ne les fît manquer à leur croyance.

Les payens se prosternaient devant la statue de Cybèle, lorsqu'un jeune homme, loin de baisser la tête, se tînt debout, planant sur toute cette foule courbée par la crainte, commanda au peuple de se lever, et jeta des paroles de mépris à cette vieille déité, usée par mille ans d'adoration.

Ce jeune homme était Simphorien, il fut arrêté et mené devant le gouverneur. —« Jeune homme, lui dit « Héraclius, vous comptez trop sur votre naissance, « peut-être ignorez-vous les ordres de l'empereur; » et il les lui fit lire : La peine de mort était prononcée contre tout sacrilége, et Simphorien ne demanda pas grâce.

Il fut conduit en prison. Deux jours après, Héraclius le fit rappeler, croyant le trouver moins couragux, moins enthousiaste, il lui parla avec douceur, lui offrit des titres, des dignités, s'il voulait renoncer à son Dieu. « Je suis chrétien, je ne desire qu'une chose, mourir pour ma religion. » Et alors il fut battu de verges par la main du bourreau et il ne fit entendre aucune plainte. Un seul mot lui échappait pendant ce supplice infâme : « Je suis chrétien. » Héraclius l'envoya à la mort.

C'est là le moment qu'a choisi M. Ingres : Simphorien traverse le peuple pour aller au lieu de l'exécution, hors des portes de la ville.

La mère de Simphorien du haut des murs lui envoie un dernier adieu, l'adieu d'une chrétienne.«Mon fils ! mon cher fils ! Simphorien ! souvenez-vous du Dieu vivant; montrez-vous courageux jusqu'à la fin, élevez votre cœur vers le ciel, considérez celui qui y règne, et ne craignez pas la mort qui vous conduit à

la vie éternelle. » Elle ne pleure pas , la noble chrétienne ; elle ne pleure pas sur son fils qui va lui être
enlevé ; elle sait qu'il quitte un monde d'épreuves et
de peines pour une vie meilleure , la vie des bienheu-
reux.

Le 22 août 178, Saint-Symphorien mourut en mar-
tyr. Il pria pour ses bourreaux, éleva son âme à Dieu
et fut frappé.

Les chrétiens enlevèrent secrètement son corps, et le
déposèrent près d'une fontaine, hors du champ public.
Pas un signe extérieur n'indiquait que le corps d'un
saint, mort pour sa croyance, reposait en ce lieu.

Dans le cinquième siècle, Euphrone , évêque d'Autun, fit élever une église sur la tombe de Saint-Simphorien , dont le nom est un honneur pour sa patrie
et pour le monde chrétien.

La cathédrale de Reims conserve encore une partie
de ses reliques.

UNE PROCESSION DE LA LIGUE.

(Robert Fleury. — 724.)

Ce sont des scènes déplorables, celles qui nous re-
présentent des moines en même temps prêtres et soldats, des ministres de paix alimentant la guerre, des
hommes faits pour la vie douce et uniforme des autels

se ruant en furieux au milieu de la vie orageuse des factions.

Cette association formée par le duc Henri de Guise pour défendre le roi Henri III et le catholicisme, et qui n'avait d'autre but que d'affaiblir la royauté et d'entretenir la discorde, la ligue, nous offre fréquemment des scènes de ce genre.

Tantôt, c'est Henri III lui-même se promenant à travers les rues de la ville, entouré de moines encuirassés.

Tantôt, ce sont des prêtres armés courant dans Paris la croix à leur tête, prêchant la mort au nom de Dieu, excitant le peuple à se précipiter dans cette guerre de croyance à croyance, de religion à religion, guerre du catholicisme contre la réforme.

Une autre fois, c'est un Guillaume Rose, évêque de Senlis, qui, à la tête de douze cents moines portant la lance au lieu de la croix, fait la revue dans Paris, prostituant ainsi sa mitre au milieu du sang et de la fange.

C'est une de ces orgies de religion, une de ces saturnales politiques décorées du nom de processions, que ce tableau nous représente.

M. Robert Fleury nous a reportés au milieu de la ligue, vis-à-vis de ces mœurs déréglées et cruelles, à cette époque où il n'y avait rien de si sacré qui ne fut pollué et avili.

MARIUS VAINQUEUR

DES CIMBRES.

(Decamps. — 469.)

Marius porta le titre da troisième fondateur de la
république romaine, et Marius, poursuivi par les
Romains, cacha sa tête proscrite dans les marais de
Minturnes. — Bizarrerie ! conséquence des guerres
civiles.

Là, devant les Cimbres, il était grand, son nom
était répété et honoré par tout l'empire romain. —
C'était le nom du vainqueur des Numides, du vainqueur des Teutons.

Marius plus tard n'eut pas un abri, et maintenant
il avait une puissante armée sous ses ordres ; et maintenant il avait mission d'arrêter l'invasion des barbares.—Il devait éloigner ces masses innombrables, il
les anéantit.

Les Cimbres et les Teutons, sortis des bords de la
Baltique, descendirent vers l'Orient, dévastèrent
l'Illyrie et battirent les généraux romains. C'étaient
les premiers barbares qui se ruaient sur le midi ; leur
aspect, leurs cris, leur force inspiraient une terreur
panique aux milices romaines. Des consuls, des gou-
verneurs de province marchèrent plusieurs fois au-
devant d'eux, tombèrent écrasés, et les Cimbres avan-
çaient toujours. Ils traversèrent l'Helvétie, dont la
population à demi-sauvage les suivit avec joie. —
Cette foule se précipita sur la Gaule méridionale ;

Rome, si puissante alors, trembla ; tous les yeux, toutes les espérances se portèrent sur Marius, farouche républicain, barbare presqu'autant que les barbares qu'il devait combattre, plébéien haïssant l'aristocratie, sans amour pour le peuple ; homme de guerre seulement, et qui n'avait jamais voulu apprendre le grec, principe de l'éducation romaine.

Voilà l'homme qui fut envoyé contre les Cimbres et les Teutons qui s'étaient déjà séparés en deux troupes.

Marius battit d'abord les Teutons : les auteurs les moins exagérés élèvent à cent mille hommes la perte de ces barbares ; puis il se présenta aux Cimbres, accepta leur défi et leur rendez-vous pour savoir à qui appartiendrait l'Italie.

Le jour du combat, Marius tourna son armée de manière à ce que le soleil et la poussière combattissent avec ces soldats.

Les formes presque géantes, les cris aigus, les accoutremens bizarres, les casques couverts d'animaux étrangers, n'effrayaient plus les Romains. Marius, au commencement de la guerre, les avait habitués par sa prudence à voir souvent ces barbares. Leur cavalerie fut enfoncée la première, et les Cimbres vinrent briser leur force et leur rage devant l'infanterie romaine. Celle des barbares s'était formée en carré, le premier rang se tenait serré et affermi par une chaîne de fer qui parcourait toute la ligne.

Combien devait être terrible le choc de cette masse compacte ! cependant les légions romaines résistèrent, elles firent plus, elles vainquirent.

La mêlée fut terrible et la défaite épouvantable. Les

Romains, parvenus au camp des barbares, trouvèrent les femmes agenouillées, leur demandant grâce, et sollicitant l'esclavage auprès des prêtresses du feu ; les Romains sourirent de mépris et continuèrent le massacre.

Alors des femmes voulurent mourir comme leurs maris : elles prenaient leurs enfans, les écrasaient sur la pierre, les précipitaient dans le fleuve, ou les étouffaient sur leur sein ; puis s'attachant par les cheveux aux cornes des taureaux, elles les excitaient, et s'abandonnaient au vagabondage affreux de leur course.

Le lendemain de cette effrayante tuerie, les Romains virent sur le champ de bataille les chiens de ces barbares gardant le corps de leurs maîtres, et cherchant à les défendre.

Cette bataille se donna en une plaine qui porta le nom de *Campi putridi*, champ de la putréfaction (Pourrière).

Marius, pour apprendre sa gloire aux siècles futurs, éleva un trophée et un temple à la Victoire, et institua une fête qui devait être célébrée tous les ans.

Dans le moyen-âge, l'écusson de la petite ville de Pourrière rappelait cette victoire. Jusqu'à la révolution, l'église qui remplaça le temple conserva la procession instituée par le vainqueur des Cimbres.

Marius revint à Rome pour commencer cette lutte qu'il soutînt contre l'aristocratie, contre Sylla, son questeur en Numidie et en Gaule, pour commencer cette vie de douleur et de persécution qui émut de pitié le monde romain.

SCULPTURE.

MACHIAVEL.

(Statuette en bronze. — Klagmann. — 2095.)

Nicolo Machiavel, l'un des plus grands génies politiques de son époque, l'un des plus grands écrivains de l'Italie, naquit à Florence d'une famille noble. Bernard, son père, etait pauvre, et le jeune Nicolo fut obligé, pour vivre, de servir de copiste à Marcel-Virgile Adriani.

L'homme qui gouverna Florence, sous le titre de secrétaire de la république, l'homme dont les œuvres appartiennent au monde, commença cette vie d'écrivain, si pleine de talens, par copier les commentaires d'un savant sur le grec et le latin, et c'est de cette existence obscure et froide, que sortit l'homme dont le génie et les pensées remuèrent toute une nation, et frappèrent le monde d'admiration et d'étonnement. Adriani comprit Machiavel, non le Machiavel du jardin de Cosmin Russelay, mais l'écrivain de la Mandragore et de la Clitia. Adriani voulut lui apprendre le latin, langue à laquelle il ne prit goût que pour puiser dans l'antiquité les pensées et les remarques des historiens et des philosophes. Sorti de chez Adriani, Machiavel grandit et s'éleva par son talent et la vivacité de son esprit; il s'acquit la faveur de la famille des Médicis; et fût protégé et honoré par ces nobles hommes. Cependant il supporta, lui aussi, le baptême de la persécution : ses œuvres furent attaquées, il comparût devant l'inquisition et fut condamné. Il fut accusé d'être le chef de la conspiration de Sodirini, on l'amena devant les instrumens de supplice. Machiavel nia tout, on lui fit subir la torture. Entre les mains du bourreau, devant le juge prêt à saisir et à interpréter les mots que la souffrance pourrait lui arracher, Machiavel garda un visage ferme et tranquille et ne fit aucun aveu.

La maison de Médicis voulut se le rattacher, et la place de secrétaire de la république, puis celle d'historiographe lui furent offertes, pour appaiser son ressentiment. Les puissans et riches chefs de Florence, et de presque toute l'Italie, craignaient un écrivain pauvre et persécuté; c'est qu'aussi cet écrivain était Machiavel, dont la tête conçut les discours politiques et ce livre extraordinaire, *le prince*.

Machiavel accepta, non par ambition, mais parce qu'il vit que là, du pied du trône, il planerait mieux sur cette société, que là, il continuerait la mission infernale qu'il s'était imposée; aussi continua-t-il de fréquenter le jardin Cosmin Ruscelai où se réunissaient les républicains les plus exaltés. Machiavel leur lisait ses œuvres, échauffait leurs âmes, et lorsque furent arrêtés Aloiso, Allemani, Giacomo, Diacettini et quelques autres, qui tous enflammés par l'exemple de Brutus et de Cassius, voulaient tuer le césar de Florence, Machiavel si grand admirateur de ces deux romains, fut soupçonné, par l'opinion publique, d'être le chef de cette conspiration. Mais c'est à tort que l'on écrit qu'il fût compromis dans cette affaire, la justice ne vint pas l'inquiéter.

Il vécut depuis dans le repos et la pauvreté, écrivant ses pages brillantes d'histoire, ses pensées profondes, ses théories extraordinaires.

Ses adversaires et ses partisans, qui ne les comprenaient, lui inspiraient sans cesse des craintes, il prenait chaque matin des préservatifs qui usèrent son corps.

Il mourut presque subitement en 1530, et le soupçon de l'avoir empoisonné plana sur bien des têtes.

SHAKESPEARE.

(Statuette en bronze, par Klagmann, 2097.)

Il est des hommes qui semblent nés pour devancer leur siècle, et pour dominer leur époque de toute la hauteur de leur génie; des hommes dont le nom ne finit pas avec le corps; et dont les pensées planent sur l'avenir. Shakespeare a sa place parmi ces hommes sublimes.

William Shakespeare naquit en 1564 à Stratford-sur-l'Avon, dans le comté de Warwick, où son père exerçait la profession de marchand de laines, quelques-uns disent de boucher. Sa famille tenait rang parmi la bourgeoisie, et son père avait été aldermann. Des revers de fortune vinrent arrêter Shakespeare dans ses études, et celui dont le génie extraordinaire devait étonner l'Europe, ne put pas terminer son éducation. A l'âge de quinze ans son père l'avait rappelé près de lui pour qu'il l'aidât dans son commerce ; à dix-huit, il était marié.

La misère le força de quitter Stratford et de venir à Londres chercher fortune. Le théâtre était son ambition : il aurait voulu pouvoir y essayer son talent ; mais là comme ailleurs il y a une aristocratie hautaine et dure pour tout ce qui n'a pas encore de nom.

Shakespeare ne se découragea pas, et il commença cette vie de théâtre qui devait faire son nom glorieux, qui devait l'enrichir, par garder à la porte,
pour quelque monnaie, les chevaux des seigneurs.

Une place de garçon appeleur vint à être vacante,
Shakespeare s'offrit, et, par protection, il fut accepté.
C'était un grand pas; delà à ce qu'il désirait si ar-
demment la distance n'était pas si grande. Rapidement
il devint acteur, dès-lors il fut presque arrivé, son
talent devait faire le reste.

Maintenant c'était sa vie d'auteur qu'il lui fallait
commencer. On lui donna à corriger les pièces des
autres, et il y ajoutait des vers, des scènes entières. Enfin,
en 1590, apparut *Périclès*, qui fut le prédécesseur de
ces beaux drames qui régénérèrent la scène anglaise.

Shakespeare n'avait plus qu'un cercle glorieux à
parcourir, chaque soir son nom était répété avec en-
thousiasme par des hommes qui ne le comprenaient
pas. Il était de beaucoup au-dessus d'eux.

Enfin cette vie qu'il avait tant désirée le lassa, il
voulut se retirer, et il choisit son pays de Stratford
pour y aller mourir.

Il en était sorti ignoré, il y rentra couvert de
gloire; il l'avait quitté pauvre, il y rapportait sa fortune. Il acheta une jolie habitation appelée Newplace,
et là cet homme, dont le génie devait briller dans l'a-
venir comme un météore radieux, dont la gloire devait emplir l'Europe, vécut d'une vie simple jusqu'à
sa mort, le 23 avril 1616.

Shakespeare n'était pas de son siècle, et son siècle
s'énorgueillit de l'avoir possédé.

www.ingramcontent.com/pod-product-compliance
Lightning Source LLC
Chambersburg PA
CBHW030130230526
45469CB00005B/1892